Ein Schriftsteller und ein Maler, langjährig befreundet und am See daheim, meditieren in Wort und Bild über ihre gemeinsame Landschaft. Texte und Bilder entstanden voneinander unabhängig – es wird weder kommentiert noch illustriert. Die Jahreszeiten selbst liefern der Seelandschaft die empfindlichen Momente, in die André Ficus dann mit scheinbar müheloser Meisterschaft sein Existenzgefühl einfließen läßt. Die so entstandenen Aquarelle sind vollkommene Augenblicksbilder. Wenn ein Maler sein Daseinsgefühl so steigern kann, daß es ihm in der andauernd sich ändernden Landschaftsatmosphäre groß entgegenkommt, dann entstehen solche Bilder, in denen Innen und Außen eins sind.

Aus Naturempfinden und Geschichtsbewußtsein, im Spiel mit Scherz, Satire, Ironie und tieferer Bedeutung hat Martin Walser einen brillanten Text geschrieben; eine wahrhaft nicht alltägliche literarische Form, kaleidoskopartig wechselnd in ihrer Mischung aus den verschiedensten Elementen: das heiter-melancholische Heimatlob eines kritischen Geistes, der in seiner Heimat lebt und sie als seinen Raum begreift und beschreibt.

insel taschenbuch 645

Ficus/Walser

Heimatlob

Zug der Spinnaker

HEIMATLOB
EIN BODENSEE-BUCH

VON ANDRÉ FICUS UND
MARTIN WALSER

INSEL

insel taschenbuch 645
Erste Auflage 1982
Lizenzausgabe mit freundlicher Genehmigung
des Verlags Robert Gessler

Vertrieb durch den Suhrkamp Taschenbuch Verlag
Umschlag nach Entwürfen von Willy Fleckhaus
Typographie: Gerd Lenz
Satz: Fotosatz-Service Weihrauch, Würzburg
Druck: Kösel, Kempten
Printed in Germany

5 6 7 8 9 10 - 96 95 94 93 92 91

Inhalt

Seeweg

Als ich mit dem Rad am See entlang in die Stadt hineinfuhr, bemerkte ich deutlich, daß der Weg im ganzen doch ein wenig ansteigt.

Mir begegneten zwei Mädchen auf einem Rad. Eine trat bequem die Pedale und lenkte, die andere stand, mit überkreuzten Armen, aufrecht und gelassen und barfuß auf dem Gepäckständer.

Als ich nachher den selben Weg aus der Stadt herausfuhr, bemerkte ich deutlich, daß der Weg im ganzen wieder ein wenig anstieg.

Mir begegneten wieder die Mädchen. Ich sah hinauf zu der, die sich so schön transportieren ließ. Von ihrem erhobenen Gesicht schäumte die Zeit weg wie die Welle vom Bug.

Heimatlob mit Legende

Unsere Hügel sind harmlos. Der See ist ein Freund. Der Himmel glänzt vor Gunst. Wir sind in tausend Jahren keinmal kühn. Unsere sanften Wege führen überall hin. Wir schmeicheln uns weiter und wecken jede Stelle durch einen Kuß. Kirschen, Äpfel, Trauben und Birnen reichen sich glänzend herum. Zwischen wachsamen Heiligen lachen wir laut. Die Luft ist süß von Geschichte, von Durchdachtheit klar. Der Föhn malt auf Goldgrund die Nähe der Unendlichkeit. Wer Möven möchte, braucht nur an Brot zu denken, und sie machen für ihn Kunstflugtag. Schwäne ziehen als andere Gedanken im Wasser die kurze Spur der Gegenwart. Wo sind jetzt Frauen? Die Hügel haben welche versprochen. Wie das Wasser dich faßt, ist genau so zweideutig.

Und die Parfüms, die aus den Gärten auf die Straßen drängen, lassen sich erleben als Anfassen mit Schrei. Jetzt soll's mit bloßem Gesicht durch Maienblüten gehen.

Apfelblütenzweig

Niedrigwasser

Ich liebe den See, weil es sich bei ihm um nichts Bestimmtes handelt. Wie schön wäre es, wenn man sich allem anpassen könnte. Auf nichts Eigenem bestehen. Nichts Bestimmtes sein. Das wäre Harmonie. Gesundheit. Ichlosigkeit. Todlosigkeit. Aber nein, dauernd muß man tun, als wäre man der und der. Und genau der stirbt doch.

Es ist das viele Leben hier, das den Tod anzieht. Alles rast und stockt. Die Augen wenden sich hin und her. Es blitzt die Farbe. Wer jetzt hinkniet, trompetet die Gelegenheit, ist eine Frau. Daß Früchte Arbeit sind, sei momentan vergessen. Durch eine blaue Haut sinkt man ins goldene Zwetschgenfleisch und hat mit Saft zu tun und Überfluß. Die Traube platzt, der Herbst gibt Feuer, ein Winter stillt die fremden Kinder an der Tiefkühlbrust. Zum Summen humpeln Dezember und Januar her. Du kannst deinen Rotz gefrieren lassen zum Geschmeide und dich wärmen zwischen den fernbeheizten Schenkeln einer Sozialwohnung. Im Winter sollst du zynisch lispeln lernen. Böse sein wie ein vorratsreicher Christ. Sind wir nicht alle vorratsreiche Christen? Reiche ungläubige Christen sind wir. Aber jeden Tag, glaubt es mir, kann im See die Statue des heiligen Sowieso auftauchen.

Ich meine, man müsse die Legende des heiligen Sowieso endlich genauer anschauen. Geboren um 765 ganz am Rande Brigantiums (Bregenz), das damals nach seiner großen keltischen und römischen Zeit wirklich nicht aussah, als könne es auch noch österreichisch werden. Dann Hirte auf mehreren Alpen Vorarlbergs. Fällt auf, weil er samt Tieren auch im Winter droben bleibt. Schlangen flüchten sich zu ihm. Er lernt ihre, sie lernen seine Sprache. Schlangenbisse hören auf, die Alphütte wird wohnlich, die Alpwirtschaft gedeiht, der Einsame wird ein Beispiel. Aber einmal kommt im Herbst über die höchsten Tritte eine Familie mit einer zartgliedrigen und schwarzhaarigen Tochter. Mit der zieht er dann doch wieder zu Tal. Die Schlangen schreien ihm nach, er solle bei ihnen droben bleiben. Die Schwarzhaarige zieht ihn hinab. Er heiratet sie noch im selben Winter. Sie ist Christin, er wird's auch. Als er sie im Frühjahr mit heraufbringt, töten ihn die Schlangen. Der Leichnam des unfreiwilligen Märtyrers wird von der Aach bis in den See getragen. Aber Sand und Kalk haben sich unterwegs so eingeschwemmt und angesetzt, daß er praktisch eine Sandsteinstatue ist. Er wäre kein Heiliger, wenn ihn das am Schwimmen hinderte. Er wird des öfteren in der Bregenzer Ufergegend gesichtet. Da niemand weiß, wer diese wieder und wieder auftauchende Heiligenstatue ist, wird er der heilige Sowieso genannt. Daß es sich um einen Heiligen handelt, sieht man, abgesehen vom schwimmenden Stein, an der Predigerhaltung der Hände und am Heiligenschein, der ihm eng um den Kopf liegt. Erst allmählich sickert seine Lebensgeschichte zusammen. Manche sagen, der Heiligenschein sei gar keiner, das sei eine versteinerte Schlange. Nun hat man die Legende, hat die Wirkungen, aber keinen Namen. Von ihrer Verlegenheit durchdrungen und im Gestehen geschickter als im Lügen, nennen unsere Leute ihren Heiligen einfach Sowieso. Rom weigert sich, die durch die Bevölkerung bereits vollzogene Heiligsprechung abzusegnen. Das hat den Vorteil, daß der heilige Sowieso nicht auf Rom angewiesen ist.

Meersburg

Schöpferisch wie nur das Volk selbst ist, hat es seinem von Rom abgelehnten Heiligen in einer Art Verlegenheitskrönung den 1. April als Namenstag zugewiesen. Weil das schon der Tag des heiligen Hugo (von Grenoble) war, ist dessen Tradition mit der unseres Sowieso so verwachsen, daß man in manchen Dörfern von «unserem heiligen Hugo Sowieso» spricht. Da unser heiliger Sowieso als Sandsteinstatue im See unterwegs ist, hat die genaue Empfindung des Volkes ihm, dem notorisch Einsamen, den Schwan ins Heiligenbild gesetzt. Von unserem Sowieso hat dann auch noch der Grenoble-Hugo einen Schwan ins Bild gekriegt. Auch teilen sie die Anrufbarkeit bei Schlangenbissen und Kopfschmerzen miteinander konfliktloser als je zwei Ärzte eine Praxis. Neuerdings haben ethnologisch vorgebildete Theologen behauptet, die oft als Heiligenschein mißverstandene Schlange, die sich um Hugo Sowiesos Haupt winde, bedeute, daß dieser Heilige für Sprachen zuständig sei. Daß Schlangen, die ihre Körperwärme nach der Umgebung verändern, die eine gespaltene Zunge haben und auch als Symbole der Falschheit gelten, daß das Sprachtiere schlechthin sind, leuchtet wohl jedem ein. Hugo Sowieso wäre also ein Sprachheiliger. Der gedankenreiche Schwan und die Anrufbarkeit bei Kopfweh und der Lügenlizenztag des 1. April als Namenstag, also bitte, wenn das nicht der Heilige der Advokaten, Richter, Prediger, Politiker, Journalisten und Schriftsteller ist, dann können wir unsere ganze Tradition begraben. Ich bin froh, daß wir in jener entscheidenden Zeit, als unsere Sprache eine Wiege brauchte und nicht nur eine Wiege, sondern auch eine Häutung und nicht nur eine Häutung, sondern auch neue Glieder und Wendungen, als sie sich also angesichts der historischen Aufgabe gewaltig ändern mußte, daß wir ihr da mit Hilfe eines einheimischen Hirtenbuben einen Sprachheiligen liefern konnten. Und natürlich kam er aus Bregenz, das man nennt *die goldene Schale mit den giftigen Schlangen*. Daß die Vorarlberger Schlangen ihn umbrachten, weil er sie an eine zugereiste Christin verraten hatte, ist verständlich, aber für seine Geschichtsfähigkeit hat es ihm genützt. So schön diese Vorarlberger Schlangen auch mit ihm gesprochen haben

Aufs Wasser zu schauen

Ausfahrt

– schöner spricht niemand – lesen und schreiben hat er sicher von der schwarzhaarigen Zugereisten gelernt. Jetzt zieht ihn, den versteinerten Linguisten-Heiligen und polyglotten Hütebuben, ein Stummheits-Schwan durch das durchsichtige Wasser des Bodensees. Es heißt, Hugo Sowieso, der in einer entscheidenden Zeit sein Leben für eine neue Sprache ließ, werde auftauchen, sobald die nächste Sprache fällig sei. Darüber, wann die nächste Sprache fällig sei, sind die Meinungen verschieden. Manche meinen, wie jetzt gesprochen werde, müsse immer gesprochen werden. Andere sagen, alles müsse sich ändern. Ich halte unseren heiligen Hugo Sowieso für einen Veränderer. Was verdankt ihm allein die Alpwirtschaft in Lagen über 1000 Meter! Sobald er wieder auftauchen wird, kann es über sein Wesen keinen Zweifel mehr geben. Machen wir uns auf das Schönste gefaßt.

Naturnotiz

Mit Harfenfingern spielt der Wind
auf mir, als gehörte ich
zur Natur und klänge.
Ich zünde das Zigarillo an
und huste ihm eins.

Lied im April

Am Hafen

Verstellung überhaupt

Es kommt darauf an, dein Problem so auszudrücken, daß du verstanden wirst, aber nicht durchschaut. Dir soll geholfen werden, ohne daß deine Hilfsbedürfigkeit zur Sprache kommt. Du möchtest gerettet werden wie einer, der es nicht nötig hat. Auf keinen Fall dürfte etwas so ablaufen, daß der Eindruck entstünde, du hättest dafür dankbar zu sein. Dann schon lieber auf dem Stückchen Treibeis verhungern, auf dem du seit längerem dein Dasein fortrettest. Das ist die richtige, fast alles kaschierende bildhafte Ausdrucksweise. Genau derer bedarfst du. Nicht einmal dir selber sagst du, wie es wirklich steht. Deshalb Bilder. Auch das Schlimmste kann, wenn du mit einem Bild darauf antwortest, schön erscheinen. Gerade das Schlimmste. Das Schöne ist ja nichts als das Scheußliche in Hemd und Hosen. Wir antworten auf alles mit Bildern, um der Wirklichkeit ihren unmittelbaren Auftritt zu versalzen. Wir lächeln, zum Beispiel. Also bildhafter geht's gar nicht mehr. Wir lächeln! Solche Darsteller sind wir. Aus Notwehr. Die Bilder neigen dazu, selbständig zu werden. Wenn es nur noch Bilderbilder sind, pfeift die Wirklichkeit Protest. Zur Methode unseres großen Landsmannes Seuse gehörte es, »Bilder durch Bilder auszutreiben«. Wahrscheinlich hat er die Bilder ausgetrieben, die zu selbständig geworden waren. Bei dieser Tätigkeit darf jeder, was er muß. Den Spielraum dieses *Müssens* zu finden, ist die ganze Kunst. In Kunst und Leben. Leben und Kunst, nichts befindet sich weniger im Gegensatz als die zwei. Kunst und Leben, das ist eine Seite der Medaille. Die andere ist leer. Das ausschlaggebende Motiv beim Darstellen ist also das Sichverstellen, das Verbergen. In Kunst und Leben. Wir sind verpflichtet, einander als gelöste, ausgeglichene, ununglückliche Menschen zu erscheinen.

Wir machen alle gute Miene zu einem Spiel, das auf jeden Fall für uns alle tödlich endet. Also Verstellung ist die Hauptsache. Deshalb sind *alle* Künstler und nicht nur die, die auch noch beruflich Künstler sind. Wer nicht einfach fassungslos losbrüllt, ist ein Künstler. Wer die Lüge dressiert, den Schein diszipliniert, die Wunde bewirtschaftet, das Elend singen lehrt, der ist ein Künstler: Egal ob er das vor einer

Schnee

Himmel über Meersburg

Familie, einer Schulklasse, einem Theatersaal, einer Leinwand oder vor einer Schreibmaschine tut.

Jetzt habe ich das Gefühl, meine Bewußtseinsbewegungen – »des Geistes Ausgeflossenheit und Wiedereingeflossenheit« hat unser Heinrich Seuse so etwas genannt – hätten etwas produziert, was man fast schon positiv empfinden könnte: die Rechtfertigung des Scheins, bzw. die Entlarvung Jedermanns als Künstler.

Rotachmündung

Von den Worten Sursum Corda

(Aus dem IX. Kapitel von Seuses Leben.)

Er wurde gefragt, was sein Gegenwurf sei, wenn er die Messe singe und vor der stillen Messe die Präfation anhebe *Sursum corda!* Denn diese Worte lauten doch zu deutsch: sursum, saust auf in die Höhe alle Herzen zu Gott! Die Worte gingen ihm mit einer Art Begierde aus dem Mund, daß die Menschen, die ihm zuhörten, davon eine besondere Andacht gehabt haben mögen. Auf diese Frage antwortete er mit einem inniglichen Seufzen und sprach: Wenn ich diese lobreichen Worte Sursum corda sang in der Messe, so geschah es gewöhnlich, daß mein Herz und meine Seele zerflossen vor göttlichem Jammer und Begierde, die sogleich mein Herz außer sich brachten . . . Ich sah mit meinen inneren Augen mich selber allem nah, was ich bin, mit Leib und Seele und allen meinen Kräften, und stellte um mich alle Kreaturen, die Gott je schuf im Himmel und auf Erden und in den vielen Elementen, ein Jegliches mit seinem Namen, seien es die Vögel der Luft, die Tiere des Waldes, die Fische des Wassers, Laub und Gras der Erde, der unzählige Sand des Meeres,

Magnolien

und dazu das kleine Gestäub, das im Sonnenschein glänzt, und alle Wassertröpflein, die je vom Tau oder Schnee oder Regen fielen oder je noch fallen werden, und wünschte, daß sie so anstimmten ein neues hochgemutes Lob dem geliebten zarten Gott von Ewigkeit. Dann dehnten und teilten sich die liebevollen Arme der Seele voll Verlangen der unsagbaren Zahl aller Kreaturen entgegen, weil ich, wie ein freier wohlgemuter Vorsänger die singenden Gesellen reizt, ihnen Lust machen wollte, fröhlich zu singen und ihre Herzen zu Gott hinaufzubieten: Sursum corda!

Reflexion

Ich würde mich am liebsten nie mehr auf etwas konzentrieren. Den Film einfach laufen lassen, wie er läuft. Ablaufen lassen. Schluß. Daß man sich konzentrieren kann, ist vielleicht sowieso nur eine Einbildung. Die kommt aus der Schule. Man kriegt ein Thema, dann schreibt man alles, was man über dieses Thema schon gehört und erfahren hat, in einer Reihenfolge nieder, die die Schule gern hat. Man konzentriert sich auf das Erwünschte. Man kann sich nur auf etwas konzentrieren, was man gelernt hat. Auf sich selbst kann man sich nicht konzentrieren. Ich – das wäre die reine Grundlosigkeit. Da würde man aus der Schulstunde heraus in eine tönende Unausdrückbarkeit versinken. In der Schule lernt man, sich auf etwas anderes als sich selbst zu konzentrieren. Man tut so, als sei Erlerntes etwas Eigenes geworden. So wird Eigenes zu etwas Erlerntem. Man agiert in der Art einer von der Gesellschaft gebauten und programmierten Maschine. Es scheint beim Erzogenwerden darauf anzukommen, sich auch vor sich selbst zu verstellen. Sich verborgen zu bleiben, heißt, ihnen so passen, daß sie dich gut erzogen

Fallendes Licht

Im Regen

nennen. Dann können sie eher machen mit einem, was *Sie* wollen. Man soll sich selbst undeutlich sein. Dann widerspricht man nicht, wenn sie einem sagen, wer man ist. Übereinstimmung müßte etwas Schönes sein. Der Himmel über dem See zum Beispiel stimmt immer mit dem See überein. Man kann nicht sagen, der Himmel richte sich nach dem See oder der See richte sich nach dem Himmel. Auch konzentriert sich der Himmel nicht auf sich; der See tut das auch nicht. Beide haben alles von einander. Farben, Grenzen, überhaupt Stimmung. Es wäre schön, sich nicht auf sich oder sonst etwas konzentrieren zu müssen. Das wäre wahrscheinlich Natur, Paradies usw. Die Schule, die mich lehrte, mich auf etwas zu konzentrieren, was ich nicht bin, hat mich damit aus der Natur herausgenommen. Wenn du in den See schaust, siehst du dich wie etwas anderes. Dein Spiegelbild zieht dich an, weil du nichts dafür kannst und es dir trotzdem nicht fremd ist. Auf dein Reflektiertes bist du ganz von selbst konzentriert. Das ist ein Bild für das Schönste, dieses mühelose Konzentriertsein auf dein vom Wasser gelöstes Ich. Die einzige sinn-

Gegenlicht

volle Tätigkeit wäre der Versuch, dein Wasserspiegelbild mit einer Schere auszuschneiden und das Ausgeschnittene der Sonne zum gänzlichen Trocknen zu überlassen.

Fortgesetzte Naturnotiz

Die Leere innen, die Fülle außen. Der Druck der Fülle auf die Leere, die die Fülle nicht einläßt, aber sich durch sie ablenken läßt von sich. Das ist mein Verhältnis zur Natur. Die Leute, die Sonnenuntergänge schön finden, habe ich immer angestaunt. Sie kamen mir vor wie die, die in der Kirche ein frommes Gesicht machen. Allmählich ahne ich, daß die Szene mit rotgoldener Sonnenspur auf violettem Wasser und braunblauen Hügeln, hinter denen die glühende Scheibe versackt, wegen ihrer Ablenkungskraft als schön empfunden wird. Von uns genügt ein Seufzen. Offenbar entsteht dieses Seufzen aus dem Druck der Fülle auf die Leere. Naturschönheit tut weh. Noch genauer gesagt: tut irgendwie weh. Die einzige Möglichkeit, einen Druckausgleich zwischen innen und außen anzubahnen, wäre wahrscheinlich Tätigkeit. Erinnere dich: wenn du abends auf der Sonnenspur der versackenden Scheibe nachschwimmst und vom Dunkelglast des Wassers mit jedem Zug etwas ins Licht sprühst, ist die Schönheit kein Problem. Schwimmend produzierst du sie.

Nachmittag

Sommernacht

Es ist immer etwas schön. Das muß man sagen. Weil es verschwindet. Die Kiesel durchs Wasser gesehen. In die Bäume gelehnte Männer und Frauen, die nach Kirschen greifen.

Glänzend und glatt rollen die Kirschen aus dem kleineren in den größeren Korb. Es spiegelt der Sommer sich. Ich schau aus einer Höhle in ein Licht, das ich nicht zu schätzen weiß.

Über der Straße drüben sirrt die ganze Wiese in der Sommernacht. Auch das Haus ist voller Insekten. Man hat den Eindruck, nur geduldet zu sein. Dank dieses Eindrucks kommt man sich gleich gerechtfertigter vor.

Auch ist es schön, an einem schönen Sommertag, ein bißchen Fieber zu haben und keine Sekunde ohne den Bronchitisreiz in der Brust zu sein. In dir stößt der letzte Winter auf den nächsten. Ohne dich könnte der Winter den Sommer wahrscheinlich gar nicht überleben.

Trauben über gelben Feldern, alle Gräser fromm und frei, in den Trögen schlürft's Wasser: nirgends wäre ich lieber als hier, wenn's überall schon so wäre wie hier.

Bäume

Nach dem Regen

Zurückgelehnt meist schau ich den warmen stürmischen Tagen zu, die im Sommer über den See ziehen. Ich schaue dem Wetter zu. Eine Stunde lang. Sieben Eichen stehen dem Wetter bzw. mir zur Verfügung. Vom See her laufen die Winde durch die Blätter. Eine Fülle von Bewegungen, die nicht von der Stelle kommen. Nach der Stunde, die man als Zuschauer von im Wind schwankenden Eichenästen verbringt, kann man sich an nichts mehr erinnern. Haschen nach dem Wind, hat es, glaube ich, der Prediger Salomo genannt. Selbstauflösung ist es. Man hat eine Stunde lang nichts mit sich zu tun. Und nichts mit andern. Wenn die Stunde vorbei ist, ist nichts passiert, als daß eine Stunde vorbei ist. Kein Grund zur Panik. Aber ein bißchen reizt es doch, daß eine Stunde so mir nichts dir nichts vergangen ist. Ich glaube, die Bewegungen der Äste und Blätter im Wind entsprechen einer Erwartung. Fallen also befriedigend aus. Die dünnen Äste bewegen sich heftiger, die dicken gemächlicher. Genau so erwartet man es. Was da vor sich geht, kann nicht anders sein. Aber keine zwei Äste sind gleich dick, also bewegen

Hagnau

sich keine zwei Äste gleich schnell, also ist so ein Baum eine Zusammenfassung von nur von einander verschiedenen Bewegungen. Eine von einem Stamm völlig ruhige gehaltene Vielfalt, die in jedem Augenblick nichts zum Ausdruck bringt als Notwendigkeit. Das ist vielleicht das Befriedigende, Zeitvertreibende, Hinreißende, Allesvernichtende: das Erlebnis der puren Notwendigkeit. Nicht zu vergessen das Rauschen. Das der Bäume, das des Sees. Dann regnet es. Die Tropfen platzen deutlich auf die Blätter und führen in dieses ereignislose Geschehen so etwas wie Rhythmus ein bzw. Zeit. Und schon zählst zu mit.

Ritardando

In den zehn Jahren, in denen ich vis à vis der Natur wohne, hat sich eine Ahnung gebildet, daß es unerwünschte Folgen haben könnte, alle Wohnseiten dem Süden, der Sonne, dem See zuzukehren. Wir haben uns vom Dorfplatz und vom Marktplatz und von der Straße, die uns verband, weggewendet. Wir haben einander aus dem Gesicht verloren. Machen die Bäume und das Klimatheater und die Wasserfarben das wieder gut? Ich bin an einer Straße und an einem Platz aufgewachsen, als solche Einrichtungen noch nicht den Autos geopfert waren. Die Natur, der ich jetzt gegenüber bin, wirkt auf mich, so oft ich sie in Anspruch nehme, wie ein Verband, wie eine Heilveranstaltung, wie etwas gegen etwas. Es gibt ein schier nicht zu sättigendes Bedürfnis nach Bäumen im Wind, wenn man etwas hinter sich hat, was man lieber hinter als vor sich hat. Aber diese heilende Natur hinterläßt in zehn Jahren nicht soviel Erinnerung wie ein Nachmittag an jener dörflichen Straße. Die Bäume heißen nicht Herr Gierer. Die Wolken sind nicht Frau Ott. Herr Gierer und Frau Ott, beide seit 30 Jahren tot, stehen in mir so herum wie der

Lindau

heilige Georg und die Maria in der Wasserburger Kirche: man muß, wenn man ihnen begegnen will, nur eintreten. Ich will natürlich, da ich der Natur erst seit zehn Jahren konfrontiert bin, noch nichts Weitreichendes sagen über dieses Verhältnis. Man müßte in 30 Jahren die Kinder fragen, ob in ihnen die sieben Eichen und die unaufhörlich paradierenden Wetterfronten einen Erscheinungsrang erreichten wie in mir der Schuhmachermeister, Herr Gierer, und die Schreinermeistersgattin, Frau Ott. Sollten die Ergebnisse nicht durchaus befriedigend sein, könnte man ja daran denken, die Autos zu verjagen und sich einander wieder zuzuwenden.

Geschichte als Seufzersammlung

Augia regalis
Dives quandoque fuisti
Nunc talis qualis
Quia plurima damna tulisti

So hat schon im Jahr 1255 mein Kollege Zimmern (Konrad von; und 43. Abt des Klosters Reichenau) geseufzt. Heute und für uns nachgeplappert tönt das so:

Oh du schöne Gegend
du hast dein Sach gehabt
jetzt bist zu halt alt
und ziemlich abgeschabt.

Dreihundert Jahre später hätte ein vom sogenannten Bauernjörg mißhandelter Altbauer seufzen können, daß die Gegend tot sei, ohne ihr Sach gehabt zu haben. Wieder dreihundert Jahre später hätte ein von Preußen und hiesigen Feudalen geschlagener badischer Demokrat das Mißlingen der Geschichte beseufzen können wie sein bäuerlicher Vorfahre. So hätte fünfzig Jahre später der von Manfred Bosch wieder entdeckte Konstanzer

Langenargen

Arbeiter Heinrich Paul Dikreiter seufzen können, der hier im Jahre 1914 seine Autobiographie veröffentlichte unter dem Titel »Vom Waisenhaus zur Fabrik«. So könnte heute höchstens noch ein Natur- und Altertumsfreund seufzen. Das riecht nach Fortschritt. Ich bekenne mich zu dieser Perspektive. Meine Altvorderen hatten in den 1000 oder 2000 Jahren Lokalgeschichte eine prinzipiell schlechte Position. Als ich anfing, waren Menschenrechte wenigstens schon auf dem Papier. Wir haben uns vollgesogen an der wehmütig-trauten Stahlstich-Idyllik, die das 19. Jahrhundert aus unserer Herkunft produzierte. Realer gesehen, zeigt sich: die Alemannen versäumten, als sie fällig war, die Staatsgründung; seither könnte man, politisch gesehen, mit jener römischen Münze aus dem Jahr 325 ununterbrochen von *Alamannia devicta* sprechen; der römische Schreiber Ammianus Marcellinus sagt den Alemannen eine Abneigung gegen das Wohnen in Städten nach. Ummauertes hielten sie für einen Ausweis der Knechtschaft. Statt Staatenbildung lernten sie von den Römern den Obst- und Weinbau und die dazu gehörigen Wörter.

Überhaupt Zivilisation. Der Keltenchrist Gallus tauft Seegeist und Berggeist. Noch Mörike erzählt in den Bodensee-Idyllen die Dialektik des Nehmens und Gebens nach in der Mär vom Glöcklein aus heidnischem Erz, das den christlichen Ton verweigern wollte. Das Christentum beschaffte sich sein Erz selber und herrschte allein und mit anderen und dann die anderen allein und dann auch sie wieder mit anderen und allmählich sind es diese anderen, sind es endlich wir selbst, denen die Herrschaft über sich zugemutet werden muß. Auf daß, sagt Hölderlin, Herrschaft nicht mehr sei!

Nicht erbracht hat unsere Geschichte ein leichtes, schmerzloses, selbstverständliches, herrschaftsfreies Verhältnis des Allgemeinen zum Einzelnen. Hier herum begünstigten Hügel den Einzelnen, den kleinen Verband. Das Katastrophen ausschließende Klima warf nie sehr viele in einen Topf. So sah es schon Pater Anton Widenmann anno 1633:

Die scharpfen Wind mit grossem Graussen
thuond starckh, doch ohne Schaden prausen.

Friedrichshafen

Die Menschen haben einander hier mehr Schaden getan als ihnen die Natur je tun konnte. Plurima damna. Aber die Tendenz konnte doch nicht dauerhaft gewendet werden, sie lief in Richtung Befreiung der Vielen von der Herrschaft durch Wenige. Wir wachsen hier auf zwischen den schönen Herrschaftssymbolen der Vergangenheit. *O deutscher Zeiten kräft'ger Rest* hat der Dichter Karl Mayer der Stadt Überlingen zugerufen. Vertrackt, wenn nur das deutsch und nur das schön wäre: Vergangenheit als moosige Opernidylle unter absolutem Himmel. Es war doch heiß, als die Vorfahren die Birnau bauten; und kalt, als sie drin beteten. Man kann zugestehen: das Volk muß immer zuerst verlieren, bevor es gewinnt. Die, die sofort nur für sich sorgten, einigten die anderen. Gustav Schwab dichtete unsere Seegeschichte so zu Ende:

Zwar dich verläßt die Weltgeschichte
Sie hält nicht mehr am Ufersand
Mit Schwert und Waage Weltgerichte,
Doch stilles Gnügen wohnt am Rand.

Vierhebig und gereimt wurde uns da eine Abseitskulisse bereitgestellt, in der wir selber für immer zu schönen Seufzer-Figuren des Museums werden sollten, das wir zu bereitwillig bauten: Das 20. Jahrhundert hat in geradezu schmerzlicher Weise Schluß gemacht mit dem schummrigen Provinztraum. Industrie, Dienstleistung (Freizeitsektor) und eine föderalistische Republik auf dem andauernd riskanten Weg zur Demokratie blasen den übersüßen Traumschaum des 19. Jahrhunderts vom Seepanorama weg, und siehe da, es wimmelt hier von Aufgaben wie in Heilbronn, Mainz oder Lüdenscheid.

Sursum corda!

Fährhafen Konstanz-Staad

Jedem seinen See

Der See ist das Allgemeine. Auf dem Wasser gelten Hoheitsrechte. Am Wasser ist die Rechtslage unklarer als das Wasser selbst. Naturwissenschaftler sind weiter gekommen als Politiker. Wenn man an den See gekommen wäre im Jahr 8000 vor Christus, allein, vorausgeschickt von einem allmählich nach Süden drängenden Stamm, wenn man, der Schussen oder der Argen folgend, auf den See gestoßen wäre und hätte als erster hinausgesehen auf die blaugrüne schwankende Sache, die drüben von horizontbreiten Wald- und Wiesenbergen begrenzt wird, auf denen dann noch die Alpengipfel wie gewaltige Steinbüsten stehen, wenn auf einmal so überraschend viel sichtbar geworden wäre – Mörike wird das einmal so sagen: *Fern, doch deutlich dem Aug' im Glanz durchsichtiger Lüfte* –, dann wäre in dem einen Augenblick sicher eine Empfindung geboren worden, die jetzt, rund 10 000 Jahre später, Ergriffenheit genannt wird. Der bis zum Rand baumbestandene und fischvolle See hätte keinem gehört damals. Dann folgt aber sofort die Geschichte; wenn auch nicht mit Pfahlbauten, so doch mit Kelten, Römern, Germanen.

Schließlich werden es Nationen. Die teilen sich den allgemeinen See. Für alle Beteiligten bleibt der See Rand, Grenze. In der Zeit, in der Politik nötig wird, sind die Verkehrsverhältnisse der Natur noch nicht gewachsen.
Der See trennt eher als er verbindet. Nur die Sprache reicht um ihn herum. Es gab Äbte, Ratsherren, Unternehmende, die das Wasser für Handel und Wandel durchkreuzten.
Aber noch im 15. Jahrhundert stößt man z.B. auf den Ausdruck: *uf dem fryen Bodensew:* das bezeichnet die Zwischenzeit, in der die Ufer ringsum schon irgendwelchen landinneren Zentren verpflichtet sind, die Hoheit des Wassers aber noch sich selbst überlassen war. Sobald man dem Wasser technisch gewachsen war, teilte man es auf. Hoheitlich. An Gemeinwesen. Daß die Uferschönheit begehrenswert ist, wird erst im 19. Jahrhundert entdeckt. Von besonderen bürgerlichen Exemplaren. Die angeblich weltabgewandten Mönche haben auch da eine Ausnahme gemacht. Abt Ulrich Rösch hat anno 1483 versucht, seinen Mönchen die Verlegung des Klosters von St. Gallen auf die Hänge über dem

See bei Rorschach schmackhaft zu machen; und zwar in diesem Stil: Item fürpindigen guton naturlichen gesunden Lufft, und mit Lust zu sechen den gantzen bodensee, und alles das darumb gelegen ist, beide lennder, schloß und stett, ennet und hie, diset, wyt und prait, desglichen man an vil enden nitt funde. Was er nicht schaffte, gelang seinem Salemer Kollegen, Anselm II., der anno 1740 in seinen Sommersitz Birnau einziehen konnte, um von einem Juwel aus ins andere zu schauen. Das waren Ufer- und Seeblick-Avantgardisten. Jahrhunderte voraus. Dem von nichts als Arbeit lebenden Bauern war eine Uferwiese noch im Jahr 1950 einfach eine saure Wiese, also mindere Qualität. Zugereiste haben den Wohnwert der Ufer entdeckt. Von 1850 bis 1950. Danach setzte der allgemeine Run ein. Aber davor waren's den Städten Entflohene. Verbitterte Professoren aus Berlin. Melancholische Fabrikanten aus Reutlingen. Kaffeehändler, die größenwahnsinnig aus den Kolonien zurückkehrten. Jugendstilbefallene Frauen, die sich in Worpswede nicht durchsetzen konnten. Pensionierte Marineärzte, die ihre Frauen lebenslänglich vertröstet hatten. Sängerinnen, denen in München alle Felle weggeschwommen waren. Adelige Offiziere, denen man in der Welt das Kinn weggeschossen hatte. In Berlin verhöhnte Lyriker. Erfinder, die sich dem Lärm, den ihre Erfindungen in der Welt machten, entzogen. Dichter, die glaubten, das gehöre zu ihrem Beruf. Resignierte Homosexuelle. Pädagogen, die darauf warteten, daß man sie in Stuttgart vermissen werde. Von Großdeutschland angewiderte Intellektuelle. Flüchtlingsgegend sind wir seit langem. Nach 1945 kamen wieder andere. Jetzt griffen auch die Einheimischen zu. Zimmer mit fl. k.u.w. Wasser. Und das in einem Häuschen am See. Da war die Pension gesichert. Von auswärts kamen und kommen jetzt keine so phantastischen Leute mehr. Die neueren Ankömmlinge wirken eher, als hätten sie in der Welt mit irgendetwas Erfolg gehabt und könnten jetzt hier herum jeden Preis bezahlen. Als das Ufer dann zu und verbaut war, kommt in die Länderverfassungen, daß der See allen zugänglich sein soll. Die Verwirklichung tut sich schwer. Privateigentum ist eine heilige Kuh.

Tisch im Freien

Uferweg

Gemeinwohl gern ein Lippengebet. Das ist alles ganz und gar legal. An der Legitimität dieser Legalität wird allerdings von Jahr zu Jahr mehr gezweifelt. Es ist das erklärte Ziel der Verwaltungen, die Ufer zu öffnen. Jährlich werden ein paar hundert Meter Ufer der Öffentlichkeit zurückgegeben. Der Tag, an dem der angepriesene Bodensee-Rundweg ein Uferweg sein wird, könnte noch vor Ende dieses Jahrhunderts anbrechen. Wenn . . . wenn es gelingt, ein paar Vorurteile zu entspannen: der See ist das Allgemeine. Wasser kann man so wenig besitzen wie Luft. Das meint übrigens auch das Naturschutz-Gesetz des Freistaates Bayern. Meistens folgt dann der Weg der Geschichte der stärkeren Tendenz. Wäre es wirklich ein solches Unglück, wenn in einer Demokratie die ausschlaggebende Tendenz Demokratisierung wäre?

Gegen Langenargen

Was bleibt ist der Wechsel

Man muß nicht fröhlich sein. Am Bodensee, meine ich. Heitere Landschaft und so. Benediktinisch, lieblich, süß und fromm. Davon weiß ich nichts. Dieser See bewirkt, glaube ich, nicht dies oder das. Wenn er etwas einprägt, dann den Wechsel. Die Nichteigenschaft. Ich bin vieles nicht. Das lerne ich hier. Dieser im Süden des Nordens gelegene See besteht auf nichts. Wenn Junitage durch die Blätterkronen brausen und die Wasseroberfläche in Gefunkel zerspringt, tut der See mittelmeerisch. Von Spätherbst bis Vorfrühling führen ihn Stürme weißgrün vor; da spielt er Fjord. Dieser See spielt alles nur. Identität gedeiht hier schwach. Das Klimatheater, das auf der anpassungssüchtigen Seebühne seine pausenlose Unbeständigkeits- und Überraschungsdramaturgie betreibt, will, daß wir uns an nichts halten als an den Wechsel. Das Wetter tut so, als müßten hier tausend verschiedene Wetter im Akkord produziert und, kaum produziert, sofort in die weite Ferne verschickt werden. Es ist, als arbeite die Atmosphäre ununterbrochen. Ich habe immer den Eindruck, die Natur habe es furchtbar eilig. Wir sind doch überhaupt nicht gemeint. Wir liegen am Weg von Burgund nach Böhmen. Eine Wolke mahnt die andere zur Eile. Die Sonne rollt, sobald sie den Säntis erreicht hat, haltlos in den Thurgau hinab. Und selbst die kleinen Goschenwellen drängen zum Ufer, als hätten sie Termine. Darum sehen Bilder, die wirklich eine hiesige Stimmung festhalten, immer aus, wie auf die Sekundenspitze getrieben. Man sieht und spürt: so war es, so kann es nur eine Sekunde lang gewesen sein. Mich macht der Anblick dieses bloßen Tempos nicht fröhlich. Eher lustig. Man wird von einer grellen Stimmung erfüllt, die gar keinen Inhalt mehr hat. Grell, aber auch gelähmt kommt man sich vor als Zuschauer dieses Naturtheaters. Wahrscheinlich weil nichts auf dem Spiel steht als das Leben. Seuse, der Große, hat so auf diese Szene reagiert: »Eja, wie selig der Mensch ist, der stet bleibt vor Mannigfaltigkeit. Was für einen heimlichen Eingang spürt der!« (Was enpfindet der hainliches inganges, heißt es im Original. Wie tief nimmt der teil, könnte man, freier, übersetzen.)

Begegnung der Boote

Vorfrühling

Fortgesetzte Verstellung

Ich würde sich anbahnende Gewißheiten gern noch einmal zerfließen lassen. Sobald man etwas Bestimmtes zugibt, ist es ein Schmerz.

Argenmündung

Sursum Corda, oder der Ausbund und Inbegriff der Gegend

Zehn Jahre lang habe ich nicht bemerkt, wen die Brunnenfigur auf der Hofstatt in Überlingen darstellt. Dieser Platz ist ein Parkplatz und man tut gut daran, sich nur mit dem Auto draufzuwagen. Wenn der achteckige Brunnen nicht wäre, hätten noch vier Autos mehr Platz. Der Brunnen ist, wie ich nach zehn Jahren merkte, Heinrich Seuse gewidmet. Das aufgeschlagene Buch in der einen, die Schreibfeder in der anderen Hand haltend, um den Kopf den Kranz mit Rosen, den er in einem seiner *Gesichte* beschreibt, so kostet uns der größte Schriftsteller dieser Landschaft andauernd den Parkplatz für vier Autos. Das haben die Leute davon, daß ein Schriftsteller aus ihrer Stadt stammt. Sursum corda. Hinauf die Herzen, zu ihm! Ich weiß nicht, ob ein Schriftsteller mit der Gegend, aus der er stammt, auch nichts zu tun haben könnte. Aber von Seuse möchte ich behaupten, er sei ein Inbegriff dieser Gegend. Es ist eine historische Empfindung, die mich das behaupten läßt. Da gab es im christlichen Sortiment das Angebot, das Leben als Leiden hinzunehmen, die Erde als Jammertal zu durchwandern und sich durch pures Ertragen für eine ewige Wiedergutmachung zu qualifizieren. Es gab die schon speziellere Praxis, die allgemeinen irdischen Zumutungen in frömmstem Mutwillen mit der Geißel in der eigenen Hand noch schrecklich zu übertreiben. Seuse geht auch schlimm um mit seinem Leib. Er martert ihn vom 18. bis zum 40. Lebensjahr bis an den Rand des Todes. Er läßt sich dabei Sachen einfallen, die bis heute ihren Reiz noch nicht ganz verloren haben. Aber so weit er sich selbst gegenüber auch geht, so furchtbar konsequent er dann auf der zweiten, der geistigen Leidensstufe das *usgen des sinen* (das Aufhören des Eigenen) betreibt, ihm geriet alles schön. Das Schlimmste wurde ihm zum Schönsten. Er hat seine Leiden, die mutwillig erzeugten und die noch viel schlimmeren, die von seiner Zeit und Gesellschaft ihm zugefügten, mit einer anmutigen Zustimmung beantwortet; er hat sein Leben zum Seelenromanstoff gemacht und das ihm Zugefügte so dargestellt, als sei alles, Schlag nach Schlag, sein, des mönchischen Schriftstellers Seuse, wunderbarer Lebens- und Läuterungsplan, der da erfüllt werde. Jede eintreffende Gemeinheit, jede scheußliche Beleidigung, jede öffentliche Demütigung, – er erfand allem einen schönen Sinn; je schlimmer es kam, desto mehr förderte es ihn in seiner Lebens-Kunst, die er so bezeichnete: ». . . das ist nichts anderes als eine ganze, vollkommene Gelassenheit seiner selbst, daß also ein Mensch in solcher Entwordenheit stehe, wie ihm Gott ist mit ihm selbst oder mit seinen Kreaturen, in Lieb und in Leid, damit er sich befleißige, allzeit wie in einem Aufhören des Eigenen zu sein.«

Ich halte ihn für einen Inbegriff und Ausbund des Hiesigen, weil seine Version des mittelalterlichen Entpersönlichkeits-Projekts so radikal und doch so unfanatisch verläuft. Er hat sich schön verstellt. Anmutig verstellt. Er hat gewissermaßen gesungen vor Schmerz. Er hat sich graziös gefügt. Er hat das schlimme Zugefügte durch Sichfügen und Zustimmung zu seiner eigenen Sache gemacht. Wäre der Anteil des Heilplans ein bißchen geringer, so würde aus dieser Verstell-Haltung Ironie. Schleiermacher, der Kirchenvater der deutschen Romantik, hat in seiner Platoübersetzung Ironie

Hagnauer Seesteg

(Eironeia) mit *Verstellung* übersetzt. Und das sei, behaupte ich, auch recht gegendmäßig: Man bietet hier herum einer Gemeinheit, die sich sowieso alles herausnehmen würde, kurz bevor sie sich selber setzt, noch einen Platz an. Man unterwirft sich einem Sieger, als hätte man nie etwas anderes im Sinn gehabt. Man bietet dem, der einen sowieso auf beide Backen schlagen wird, kurz vor dem zweiten Schlag die noch nicht getroffene Backe an, daß der meint, es sei ein Verdienst, uns auf beide Backen schlagen zu können. Man kultiviert die Überlegenheit des Unterlegenen. Man kultiviert das Leiden. Man schmückt es. Seuse ist der Meister der Vergehenssüße, der Leidensgloriole, des Schmerzensschmucks. Was er wirklich getan hat, wissen wir nicht so genau. Seine Lebensbeschreibung ist deutlich Literatur. Er hat Gott deutsch beigebracht. Er schreibt den ersten Seelen-Entwicklungsroman der deutschen Prosaliteratur. Er schreibt nicht, was geschehen ist, sondern was das Geschehene in ihm produziert hat: eben diese Opferrolle überwindende Zustimmung zum Schlimmsten. Er erfindet den Sinn als Antwort auf Unsinniges. Auf Scheußliches antwortet er mit Schönheit. Wo anderen das stigmatische Blut entspringt, wachsen ihm Rosen. So bringt er immerzu schweres Schicksal zum Blühen. Aber das ist nicht das, was ich von ihm sagen will. An die Hauptsache wage ich mich nicht heran, weil sie zu leicht verfehlbar ist. Es ist die zur Verstellung, zur Selbstverkleinerung notwendige Selbstauflösung, die er mit Hilfe der Sprache betreibt. Er hat gemerkt, daß in der Sprache das sogenannte Wirkliche andauernd im Spiel ist mit etwas, was nicht mehr wirklich ist. Man weiß bei Wörtern nicht immer, sind es nur Bilder oder Bilder für Sachen oder Sachen. Auch bei Wörtern wie Ich oder Welt oder Gott. Was steht eigentlich dafür? Auf diesem Kurs hat er sein Projekt radikalisiert, hat seinem »Sursum corda« Segel gesetzt.

Jetzt fängt er an, »Bilder mit Bildern auszutreiben«. Es wird ein unersättliches Sprechen von der Sprache. Ein »Entwirken der äußeren Sinne«, ein »Entsinken« der »obersten Kräfte« des Geistes, eine »übernatürliche Empfindlichkeit«, eine »Verlorenheit anhaftender Creatürlichkeit«, ein Aufschwingen in »lichtreiche Vernunftigkeit«, eine »fortwährende Eingeflossenheit himmlischen Trostes«, aber trotzdem bleibt er noch in »wahrnehmender Anschauung« der Natur der Dinge. Und das ist dann sein Zustand: »Dies mag heißen des Geistes Überfahrt, wenn er da über Zeit und Statt ist und in liebreichem Schauen in Gott vergangen ist.« Die immer alles verpfuschende Unvereinbarkeit von Zeitlichem und Ewigem, von Materie und Geist, Menschen und Gott wird mit nichts als Sprache überwunden, da sie aus nichts als Sprache entstanden ist. Durch sein rücksichtsloses Sprechen, durch sein weitgehendes Sprachvertrauen entstand die konkrete Süße seiner mystischen Suada; das geistige Küssenkönnen, das er mit vollem Wesensmund immer wieder vormacht; der hautundhaarhafte Liebreiz, mit dem ihm die lebenslänglich umworbene »ewige Weisheit« erscheint; durch dieses Sprachvertrauen wird bei ihm diese »ewige Weisheit« so attraktiv, daß man öfter schlucken muß, so reizt er von innen Überschwemmungen herauf durch sein saftiges Denken. Das macht ihn zum Ausbund dieser Gegend. Um es in seiner Übersetzung einer Zeile aus dem Hohen Lied zu sagen: »Unser Lager steht im grünen Schmuck.«

Die christliche und dann bürgerliche Entwicklung ist den entgegengesetzten Weg gegangen: den der Verfestigung, der Verbarrikadierung, der Persönlichkeitsaufrüstung, der Ichauszeichnung, der Konkurrenzwirtschaft. Statt sich selbst, löscht man den anderen aus. Statt sich zu entgrenzen, definiert man sich ununterbrochen. Statt Gelassenheit, gilt Krampf. Statt Liebe gilt Haß. Wir kauern in den Ruinen unserer Individualitätsideologie und lassen uns von staatlich ausgebildeten Fälschern bescheinigen, es seien Paläste. Seuse ist noch unausgegeben. Er ist uns gespart. Manche halten seit einigen Jahrzehnten den Weg nach Indien für kürzer als den nach Konstanz. Bitte schön. Wann auch immer sie hierher zurückkommen: sein Lager steht in grünem Schmuck. Sich verstellen, sich fügen, auf leidende Weise Herr seiner Geschichte zu werden; aber nicht, um als ein bürgerlich-sieghaftes Individuum die Geschichte bei sich selbst aufhören zu lassen und Andersdenkende unter scheinheiligen Vorwänden zu verfolgen, sondern um das eigene Ich einem Prozeß anheimzugeben, der menschliche Geschichte heißt. Je selbstsüchtiger dieses Herz, desto schwerer ist es; je schwerer es ist, desto schöner wird notgedrungen der Ruf aus dem Hochgebet: »Sursum corda«. Also war er nie schöner als heute, denn notgedrungener war er nie.

Nach Sonnenuntergang

Handarbeit

Altgold, liebster See
schaust schön drein,
glänzest hold in d'Höh
gibst dem Herbst
ein Schein.

Bald bist violett
und uneingefaßt
bald bist mein Bett
ich lege mich
wie's dir paßt.

Föhn

Föhn

Geschmolzenes Silber
liegt der Himmel im See
und tut uns im Kopf
und in den Augen weh.

Oktober

Zuruf

Laß doch
den Schmerz.
Übrigens
meistens
die Lösung
das Wasser.

Hiesiger Lebenslauf

Wir gehen aus vom Winter
dem mit Kachelofen und Eisblumenblühn
Gesichter stoßen sich hoch mit Gesang
wir schlagen los mit der Pritsche
und tun heuchlerisch mit Asche und Fisch
durch die violette Kirche singt
eine Frauenstimme wie aus Licht
daß wir ein für alle Mal verloren sind

Wir haben immer ein süßes Jenseits zu Gast
barock streckt der Tod den Tanzfuß
semper durch gekonntes Gewölk
mitten im Tod sind wir vom Leben umfangen
hier herrscht hohe Huld
hier stirbt man spät und unvollendet

Wir leben hier als Benommene
der Föhn reißt Risse in den Traum
dann schließt der Nebel alle Poren
Rosen sehen im November aus wie Wunden
aber schon starten die Kerzen ihren Schwindel
wir drehen uns
sinken im Korkenzieherschwung
in das Kristallkissen der letzten Nacht

Grauer Tag

Ins Jahresende

Bildregister

Sämtliche Blätter sind Aquarelle auf Japan-Papier. Bei den Formaten steht Höhe vor Breite. Die Nummer bezieht sich auf die Seitenzahl. Sämtliche Bilder befinden sich in Privatbesitz.